AF870633

novum premium

ALEJANDRA MARIA FALCONE

Ale's Gambit

EIN GEDICHTBAND

novum premium

Bibliografische Information
der Deutschen Nationalbibliothek:

Die Deutsche Nationalbibliothek
verzeichnet diese Publikation in
der Deutschen Nationalbibliografie.
Detaillierte bibliografische Daten
sind im Internet über
http://www.d-nb.de abrufbar.

Alle Rechte der Verbreitung,
auch durch Film, Funk und Fernsehen,
fotomechanische Wiedergabe,
Tonträger, elektronische Datenträger
und auszugsweisen Nachdruck,
sind vorbehalten.

Gedruckt in der Europäischen Union
auf umweltfreundlichem, chlor- und
säurefrei gebleichtem Papier.

© 2023 novum Verlag

ISBN 978-3-99130-266-7
Lektorat: Falk-Michael Elbers
Umschlagabbildung:
MarinaPravnikArtist
Autorenfoto: Alejandra Maria Falcone
Umschlaggestaltung, Layout & Satz:
novum Verlag
Innenabbildungen: Marcin Piwowarski,
Alejandra Maria Falcone

www.novumverlag.com

Climate neutral
Print product
ClimatePartner.com/16547-2201-1002

Für meine Kinder

INHALTSVERZEICHNIS

ANSICHTEN EINER GÖRE

Das Hintertürchen

Viel habe ich schon als Göre
in einem Stimmengewirr der Chöre
vom berühmten Hintertürchen
reden hören.
Und ich könnte schwören,
dass ich keines sah.
Ich ging sogar ganz nah
an der Hauswand entlang –
es war Neugierde, kein Zwang –
und suchte diese berühmte Öffnung.
Aber nichts, keine Schöpfung
dieser Art.
Es wäre smart,
dachte ich bei mir,
hätte ich gar vier.
Doch nicht mal eine Hintertüre,
die mich irgendwohin führe,
zum Beispiel zum Schlaraffenland,
war jemals hinter dieser Wand.
Nun schaut gern selber nach –
seid ihr schon wach? –,
ob ihr so was euer Eigen nennt
oder gar jemanden kennt,
der regelmäßig dort hinausspaziert,
etwas Bestimmtes anvisiert
und sich köstlich amüsiert.

Ich aber bleibe meiner einen Türe treu,
deren tägliche Nutzung ich nicht scheu.

ZWISCHEN HIMMELREICH UND WILDNIS

Danke

Am frühen Morgen und am Tag ist alles gut.
Vor der Nacht bin ich jedoch auf der Hut.
Brauche keine Stoffe, noch nicht mal Wein.
Ich lenke die Gedanken, wasche sie rein.
Und wenn sie dann einbricht, die Dämmerung,
beruhige ich mein Herz mit folgender Segnung:
Herr, ich danke dir, dass du mir vertraust,
dass du dein Feld der Liebe auf mich baust.
Hier wachsen deine Früchte in allen Farben.
Herr, heile auch meine frischen Narben.
Lass mein inneres Licht niemals ausgehen.
Lass mich bereit sein und nicht am Glücksrad drehen.
Du gabst mir das Leben ja nicht ohne Grund
und malst die Welt für mich bunt.
Auch wenn sie manchmal grau erscheint,
ist es nur für kurze Zeit, dann sind Herz
und Seele wieder vereint ...

Wo zum Geier …?

„Wo zum Geier ist Loßburg, dieses Kaff?“,
haben die Kommilitonen mich damals gefragt
als Frischling an der Uni, unter Studierenden hochbetagt,
mit nem feuchten Händedruck, so schlaff.

Und auch später, als Reporterin vielerorten,
wo die Stadt nicht schläft und vibriert,
wo das Leben (scheinbar) pulsiert,
erwiderten sie mein Lächeln mit diesen Worten.

In Berlin, Venedig, Rom und Paris,
auch in Hamburg, London und Prag
immer dieser Blick – ja, frag mich doch, frag!
Und ich sagte ihnen dies:

Loßburg, das ist meine Zuflucht, mein Zuhause.
Und wenn mich auch das Fernweh packt,
ich weiß, wohin ich gehöre, hier stehe ich in Kontakt,
denn hier macht der liebe Herrgott eine Pause

von all dem ungeheuerlichen Trubel auf der Welt,
von Materiellem, von Oberflächlichkeit,
von Gangstertum und Eitelkeit.
Und ganz im Vertrauen: Für München reichte
ihm nicht das Geld!

Staatenlos glücklich

Wenn ich eines gelernt hab im Leben,
dann ist's, nichts auf die Flagge zu geben.
Was auf einem meiner Papiere steht,
definiert nicht, wohin meine Reise geht,
Italien, Argentinien oder Deutschland.
Ich sehe darin gar keinen Vorwand,
mich größer, kleiner oder anders zu fühlen.
Ich bewahr lieber einen klaren Kopf, nen kühlen.
Nach hitzigen Debatten in der Vergangenheit
oder der leidigen Frage nach der Zugehörigkeit
geb ich heute einen feuchten Kehricht
auf die staatlich angeordnete Pflicht,
sich patriotisch zu zeigen.
Das ist nur was für die Feigen,
wie schon Schopenhauer schrieb
(als philosophischer Seitenhieb):
Wer sonst auf nichts stolz sein kann
– der arme Wicht, kein Mann! –,
der greift rückwärtsgewandt zum Nationalstolz.
Selbst Pinocchio war schlauer – und er war aus Holz!
Ich bin, wer ich bin – sang einst Gloria Gaynor.
Und auch ein mir wohlbekannter Senior
bestätigte mir: „Du bist nicht entwurzelt,
sondern frei!"
Und wenn hier einer die Stirn runzelt – das ist mir einerlei!
Ich danke Gott, dass ich genug Verstand besitze,
um zu erkennen, dass es purer Zufall ist, dass ich hier sitze!

Beirut – Teil I

Oh, Beirut! Du wunderbare Stadt,
die so unterschiedliche Gesichter hat.
Hier findet das wahre Leben statt.
Du vereinst in dir Ruine und Glanz,
arabische Tradition und modernen Tanz,
französische Kultur und dekadenten Popanz.
Ich gestehe, ich sah dich erst mit Argwohn.
Aber der unerschrockenen Abenteuerin Lohn
ist wie die Liebe einer Mutter für ihren Sohn,
und er wird dich vermissen, wenn er geht,
aber er muss, weil's in seinem Buche steht.
Doch während Vergangenes davonweht,
bleibst du in unseren Herzen.
Zünde für dich tausend Kerzen
und eine für ihn, den Heiler aller Schmerzen.

Der Mensch

Die Arroganz der Menschen geht so weit,
dass sie glauben, alles zu beherrschen.
Kein intelligentes Wesen weit und breit
ergötzt sich eigentlich an Gewaltmärschen.
Sind zu Gräueltaten bereit
nur die Stupiden (deren Zahl beachtlich wächst),
nehmen sich zu wichtig.
Ihre Existenz ist jedoch nichtig,
solange sie nicht verstehen
und endlich aufhören mit dem Vergehen,
endlich mit dem Morden aufhören
und die Natur nicht stören.
Denn wo immer der Mensch seine Griffel hat,
findet unglaubliches Barbarentum statt.
Die Erde kommt ohne Mensch gut aus.
Auch die Katze, der Hund, die Maus,
sie feiern ausgelassen ein rauschendes Fest
und singen: Der Mensch – schlimmer als Cholera und Pest.

Beirut – encore une fois

Gegensätze schmelzen in dir
wie das Wachs an Heiligabend,
Sternensinger vor der Tür.
Ein Firmament, den Halbmond tragend,
die Menschen grüßen „Bonjour“.
Sie lächeln trotz der Narben.
Ein Mensch, der hierherfuhr,
vergisst niemals deine Farben.
Beirut und deine Kinder,
Gibran, Fairouz und Sadeeh,
und der Geist der Erfinder,
Abschied nehmen tut zwar weh,
aber wir sehen uns wieder.
Ich kenne den Weg, der mich zu dir führt
– zu Hause singe ich deine Lieder ...
Eine Melodie, die uns eint und tief berührt

Pendel

Wir sind lebende Pendel,
hin- und herschwingend
bis zum letzten Atemzug.
Dann steht das Pendel still.

Erfreuen uns an Lavendel,
erwachen fröhlich singend,
verabscheuen Lug und Trug,
nicht nur weil's Gott so will.

Mal hören wir Bach, dann lieber Händel,
argumentieren laut, um Worte ringend,
überhören den Schuss vor dem Bug
und kämpfen wie in KILL BILL.

Freiheitsliebend schenken wir einander Bändel
als Leine, einander bindend,
ernten wir des anderen Saat mit dem Pflug
und hetzen – das ist des Menschen Drill.

Dabei ist das Leben doch eine Wendel:
Hin und her müssen wir nicht zwingend,
doch eher aufwärts mit dem Aufzug.
Ob es jemals einer kapieren will?

Syrien

Der Duft des Jasmins umschmeichelt meine Nase.
Diese Liebe, das ist nicht nur eine Phase,
nicht das Strohfeuer einer tentativen Nacht.
Es ist die tiefe Verbundenheit, die einmal erwacht,
mich nicht mehr loslässt, sich entzieht dem Vergleich.
Das sind besondere Gefühle, einer Offenbarung gleich.
Ich atme deine Luft und schmecke deine Früchte,
das unsagbare Leid, das in mir schmerzt,
dessen Gefahr ich nicht fürchte.
Ich will dich wiedersehen, deine Nähe spüren.
In deinen Feldern liegend, wird mich der Wind verführen.
In deinen Wellen tauchend, heile ich – und du mit mir,
bis wir wissen, es war niemals vergeblich
meine Liebe zu dir.

Europa

Warst du nicht mal
der Inbegriff der Freiheit?
Damals, als Zeus dich stahl
in seiner Verliebtheit?

Und sag mal,
warst es nicht du,
die uns empfahl –
und das ist der Clou –

Brüder zu werden
(Schwestern sind mitgemeint)
und, statt bei der Schlacht zu sterben,
geschwisterlich vereint
sich der Probleme der Erde
anzunehmen, zu beheben,
dass die Welt eine bessere werde
und wir nicht nur überleben,

sondern in Licht und Liebe
unser lebendiger Geist erstrahle?
Gelenkt von mehr als nur dem Triebe
huldigen wir dir, gesegnete Astarte*.

*(*Astarte ist die babylonisch-syrische Liebesgöttin,*
auf der die griechische Sage beruht)

Ein paar Verse zur globalen Lage (ein Manifest)

Es sind finstere Zeiten, doch das Gute zuerst:
Ich sah erneut den Astronauten, den Gerst.
Außerdem haben Despoten ausgedient.
Wer die wählt, hat's nicht anders verdient!
Präsidenten verlieren, Snobs kriechen auf allen Vieren.
Wahre Liebe – ja, die gibt es! – geht auch mit ohne Papieren.
Die Damen dürfen sich zieren und
eine saftige Strafe gibt's fürs Stieren.
Aber: Kinos und Theater pausieren,
das müssen wir akzeptieren.
Doch manche werden es nie kapieren,
so kann das demokratische Prinzip nie funktionieren.
Ich musste die Feindseligkeit ehemaliger Freunde realisieren,
die anderen sogar verbieten zu telefonieren,
sich selber aber prächtig amüsieren.
Ich musste mich reduzieren, eine Prüfung absolvieren,
meine Gedanken neu sortieren,
das menschliche Einmaleins trainieren und
das Verhalten mancher Menschen studieren.
Es bleibt noch zu hoffen, dass arme Leute nicht erfrieren
und dass wir uns nicht blamieren,
dass wir Kriege, Hunger und Not nicht nur anvisieren,
sondern in die Rettung der Menschheit investieren!
Solche Dinge dürfen nie wieder passieren!
Wir dürfen die Bekämpfung des Klimawandels
nicht so spät terminieren,
nicht mehr konferieren und mit den
Ressourcen jonglieren.

Wir müssen uns alle für den Frieden und
die Umwelt interessieren,
Für mehr Mit- statt Gegeneinander plädieren,
die Güter verteilen und neu arrangieren,
nicht mehr in den teuersten Hotels logieren,
während andere vor sich hin vegetieren.
Wir sollten uns erst irgendwo einquartieren und
akklimatisieren,
wenn wir sicher sind,
dass andere keine schwere Last transportieren
und vom Martyrium der letzten Jahre regenerieren.

Und du, mein Schatz, lass dich nicht von
anderen frustrieren,
die deine Gefühle ignorieren und dein Leben sezieren,
sich dabei nicht genieren, sondern unverblümt
Lügen und Beleidigungen generieren.
Meine unendliche Liebe soll das alles eliminieren!

Eine Ode an die Post

Die Wahrheit, sie kommt stückweise
meist ganz leise
mit der Post.

Man muss nicht danach suchen,
wütend werden oder fluchen.
Welch ein Trost!

Und während sie sich winden,
vergeblich Zeit schinden,
bei sich die schwere Kost,

vertraust du wieder deinem Bauchgefühl,
hältst den Kopf und den Champagner kühl.
Darauf erstmal: Prost!

Eine Reise

Manche befinden sich ewig auf der Suche
nach dem Wahren, Schönen, Guten,
lassen sich dabei durchfluten,
strebend nach der Verbindung mit dem Kern.

Ich wähle sorgsam aus, bevor ich buche,
halte mich zunächst an die bekannten Routen.
Und wenn ich mich sicher fühle, kann ich mich auch sputen.
Dann ist das Ziel der Weg und auch mal fern.

Ein jeder wie er kann und will.
Frag nicht andere nach dem Sinn,
auch nicht mich, weil ich nicht allwissend bin
weil nur du deinen ergründen kannst -
und das am besten still.

KÖNIGINGEBURT

Schachmatt

Der König hat ausgedient,
das Volk hat einen besseren verdient.
Denn geht's nur darum, Kriege zu entfachen,
haben die Menschen wirklich nichts zu lachen.
Sie könnten sich gut selbst regieren.
Sie hätten wahrlich weit weniger zu verlieren.
Ich denke, es ist auch endlich an der Zeit:
Dieser Staatsmann ging einfach viel zu weit.
Nehmt ihm das Zepter und entthront ihn,
kein Präsident mehr namens Palpatine!
(Und dem Beispiel folgend, oben ohne:
Nehmt auch Anakin die Krone!)

Vorsehung

Wenn ich alt bin,
werde ich schrullig sein,
aber weise.
Ich werde verzeihen,
mir und anderen
in meinem Kreise.
Ich werde nie mehr erwarten,
was andere nicht bereit sind zu geben.
Und habe ich mal schlechte Karten,
werde ich erneut mischen und heben.
Denn so ist das Leben:
Wenn du dem lange nachtrauerst,
was dir genommen oder vorenthalten war,
dann sitzt du nur und kauerst,
siehst die Welt nicht mehr so klar.
Vergiss das, was dich verletzt,
und lenke das Gefühl um.
Sei du es, die du am meisten schätzt.
Kleines, sei nicht dumm.
Der Trick ist der, sich selbst zu lieben.
Wie oft habe ich das schon gehört?
Nicht aus Mangel, und seien es auch sieben,
sei du diejenige, die sich nicht daran stört,
es dir immer wieder selbst zu sagen,
wie toll du bist, wie schön!
Du brauchst keinen Mut, kannst es wagen,
ohne rot zu werden, ohne zu stöhn‘.
Wenn ich alt bin,
dann habe ich das alles schon hinter mir.

Dann tanze ich immer noch in der Küche,
aber mit mehr Lässigkeit, weniger Ansprüche,
weil ich es kapier,
endlich,
dass das Leben daraus besteht,
sich selbst glücklich zu machen,
zu singen, zu lachen,
weil man weiß, wie schnell die Zeit vergeht.

Mondlichtkönigin

Ich bin nicht dein Leuchtturm.
Ich bin der Mond, der dich umkreist,
aus der Ferne mit dir reist,
und nur der Schöpfer weiß, warum.

Es ist Liebe, kein Heldentum.
Die Heldentat war, dich loszulassen,
zu verstehen, nicht zu hassen.
Und die Sirenen bleiben stumm

Den Sturm zu überwinden war nicht leicht.
Wir haben es mit Gnade gemeistert.
Von deinem Erfolg bin ich begeistert:
Du hast dein erstes Ziel erreicht.

Der Kopf ist rund, damit er die Gedanken umlenken kann.
Das Herz schlägt dazu den Takt –
und zieht den Menschen in seinen Bann.

Handy-Wunder

Wie oft glaubte ich schon,
du seist irreparabel zerstört.
Bist ein hartnäckiges Telefon,
das nicht auf Unkenrufe hört.
Du lässt dich nicht unterkriegen
und funktionierst tapfer weiter.
Man kann dich nicht besiegen.
Dein Mobilherz-Rhythmus ist heiter.
Weißt du, darin sind wir uns ähnlich.
Auch ich stand und stehe nicht selten
auf Messers Schneide und an der Klippe.
Uns trennen zwar Welten
aus Fleisch, Muskeln und Gerippe,
doch der Spirit ist derselbe:
Weder Stürzen noch Schrammen
gelingt es, dass ich sterbe,
wie Phönix aus den Flammen
steige ich empor.
Mein Akku lädt, das Pochen schnellt.
Es ist zwar nicht der Phosphor,
der mich am Leben hält,
aber wir sind uns in einem gleich:
Auch wenn wir so scheinen,
wir zerbrechen nicht gleich!

Ein Neuanfang

Es ist wahrlich nicht das Ende,
wenn sie keine Gedichte mehr schreibt.
Es ist der Beginn einer Legende,
einer Liebe, die bleibt.
Denn von dieser Zeit zehrt sie.
Diese mystische Emotion
sucht ihren Weg, und fand sie,
die schöne, wahre Revolution.
Ertrag das Gefühl der kurzzeitigen Leere.
Es ist leicht, wenn du vertraust.
Und überwindest du die Schwere,
ist es das Antlitz eines Engels, in das du schaust.

Eine geteilte Erkenntnis

'Tschuldigung, ich klebte kurz an dir fest.
Nicht, dass es nicht schön gewesen wär',
aber nun kommt der Geschichte böser Rest.
Es ist noch gar nicht so lange her,
da hingst du, Schatz, an meinen Beinen.
Ich dachte „Warum fällt mir das Gehen so schwer?"
und merkte: Das lag gar nicht an meinen!
Du warst es auch, der mich suchte,
während ich mir in den Finger schnitt,
„Aua!" rief und litt, aber nicht fluchte.
Es war letztes Jahr, als du wie Brad Pitt
die Rolle deines Lebens einstudiertest.
Das konnte ich doch nicht ahnen,
dass du mich nicht wirklich nur berietst,
sondern gleich anfingst zu planen.
In wie viele Fallen ich wohl tappte,
lässt sich schwer rekonstruieren.
In meinen Träumen saß ich da und zappte
und weit war noch die Angst vorm Operieren.
Lange Rede, kurzer Sinn:
Wie blöd ich doch bin!
Jetzt setz dich erstmal hin,
dann sage ich dir auch, wieso.
Eins und eins macht ja bekanntlich zwo,
nicht drei, auch nicht vier.
Du hattest deinen Fuß schon in der Tür,
aber leider muss ich dich nun hinauskomplimentieren.
Du darfst ruhig aufrecht gehen, nicht auf allen Vieren,
auch wenn es dir ganz recht geschieht
für das, was man(n) so abzieht.

Prophet oder Profiteur?

Lasst euch nicht blenden
von falschen Propheten.
Sie fälschen Legenden,
sind keine echten Poeten.
Ihr trauriges Schicksal
nutzen sie schamlos aus.
Zu Hause blasen sie Trübsal,
doch gehen sie mit Freunden aus,
ist alles vergessen,
man kann lachen und scherzen.
Für mich ist der Käse gegessen,
keine Gedichte mehr von Herzen.

Der echte Gesalbte ist bescheiden und still,
einer, der sich nicht gern feiern lassen will,
der sich nicht mit fremden Federn schmückt.
Nach dem wirst du nicht verrückt.
Er erdet dich, macht dich weise
auf die liebevollste Weise.
Nicht der Name ist das Omen,
es kommt von den Zellen, den Atomen.
In anderen Worten: Der ganze Mann
ist es, der dir ein Lächeln zaubern kann.

Schicksal

Wer die Loyalität anderer prüft und einfordert,
aber keine einhält und schlussfolgert,
dass die anderen böse seien,
da sie ihm nicht glauben und verzeihen,
wer sich viele Optionen freihält,
wer Freiheit meint, aber Gefangenschaft wählt,
weil die Lüge, der Betrug einen geißelt,
hat sich sein Schicksal selbst in Stein gemeißelt.

Im Labyrinth

Manche von uns brachen schon so viele Tabus,
dass sie den Weg zurück gar nicht mehr finden.
Können nur noch im Status quo Zeit schinden
und springen auf der Stelle wie die Kängurus.

Sie haften sich ganz fest an so manche Fersen,
machen das geschickt, damit man sich gut fühlt.
Wollen mit dir die Welt erobern, das Meer seh'n.
Setzen alles daran, so dass es einen aufwühlt.

„Finger weg von solchen Leuten!“, warnen sie.
Doch die Weisen sagen: „Lerne von ihnen.
Und wo sie stehen, dahin gehe nie.
Denn wenn du auch malochst wie die Bienen,

weißt du am Ende, dass es sich lohnt,
weil das Gute in dir thront.“

Mein Glück

Mein Glück ist immer nur von kurzer Dauer
wie ein kühler Regenschauer
mitten im heißen August.

Es rinnt wie der Sand in meinen Händen,
ein Vertrauter, ein „Ich kenn den!“,
bevor sein Zug abfährt.

Mein Glück verrät mich nicht
und doch erlischt das Licht,
ehe man das Ziel erreicht.

Das ist mein Schicksal, mein Weg.
Und während ich vor meiner Haustür feg,
denk ich:

„Genieß ich eben den Augenblick,
jedes Lachen, sei es noch ein Trick,
um mich in Sicherheit zu wähnen.

Irgendwann wird auch mein Glück,
schaue ich nach vorn und nicht zurück,
von Dauer sein.
Im Paradies, mit dir allein.“

Trotzige Liebe

Obwohl ich jetzt gar keine Zeit dafür habe
und mich enttäuscht hat so mancher Knabe,
obwohl ich genau weiß, wie es enden wird
(er erschrickt, weil es mehr ist als ein Flirt,
und zieht sich komplett zurück,
während ich es herausfordere, das Glück),
obwohl ich mir darüber voll im Klaren bin,
dass mein Ruf mir vorauseilt als Liebesnärrin,
war ich doch länger schon verschrien,
hab mir selbst noch nicht verziehn,
gehe ich das Risiko bewusst ein,
stelle mir vielleicht selbst ein Bein.
Denn eins kann ich einfach nicht lernen:
mich, wenn's wehtut, zu entfernen.
Ich kann das Gefühl nicht abstellen,
nonchalant reiten auf den Wellen,
unverbindlich bleiben,
keine Gedichte mehr schreiben,
einfach die coole Ale markieren
und mich nicht vergaloppieren.
Wenn es mich eiskalt erwischt,
bin ich, wenn er denn fischt,
dem Köder heillos ausgeliefert.
Einem Wildpferd gleich, das entsetzt wiehert,
weil man es eingefangen hat,
windet man sich, hatte es doch satt
und sieht sich Zucker essend
all die Vorsätze vergessend
wieder dort, wo man einst war:
schluchzend beim Keeper an der Bar ...

Malak

Wenn ich ein richtiger Engel wär’
und Flügel hätte,
dann flöge ich übers Meer
und löste deine Kette.

Ich befreite dich
von all dem Leid.
Du küsstest mich.
Das Auto stünde bereit.
Wir würden um die Welt reisen
und Freundschaften schließen,
kosteten von allen Speisen.
Manchmal würden wir eine Träne vergießen.

Denn wir müssten wieder zurück.
Oder? Vielleicht blieben wir einfach?
Ich bin bereit für das Liebesglück.
Wir spielten auf der Insel Feenschach,

freuten uns des Lebens,
darüber, beieinander zu sein.
Doch alle Träume sind vergebens,
wenn sie bleiben in Gedanken allein.

Engelhaft

Gott, du gabst mir die Kraft,
Dinge zu erspüren,
die Lernenden zu führen,
Leid abzuwenden,
Trost zu spenden.
Du forderst von mir Achtsamkeit,
gabst mir Geselligkeit
und Ruhe,
wenn sie erforderlich war.
Das ist alles sonnenklar.
Ich sollte helfen und beistehen,
manchmal, wenn nötig, weggehen.
Du hast mich dabei immer aufgefangen.
Ich musste selten um mein Leben bangen.
Ich muss dir heute sagen, lieber Gott:
Das Leben wär' ohne dich nur ein Trott.
Du machst es spannend, einem Krimi gleich.
Die Wenigsten ertragen das und werden bleich.
Ich aber kriege rote Wangen und glühe
ärger noch als vom Tee, den ich grad brühe.
Das passiert, weil ich mich geborgen fühle
wie die Maus in der leeren Mühle.
Deshalb wollte ich dir immer nahe sein.
Dabei war mancher Versuch nicht astrein.
Ich habe meine Lektion gelernt, oh Herr,
auch, dass ich nicht mein Herz versperr',
nur weil manche damit unsanft umgehen.
Du lässt mich auch da nicht im Regen stehen.
Ich will dir heute danken und dir erklären,
dass wir nichts außer Fleischklumpen ohne dich wären.

Hab Erbarmen
mit den Armen.
Ihnen fehlt die Zuversicht.
Spende ihnen Licht,
lass sie an nichts Böses denken,
den Groll können sie sich schenken.
Adieu für heute, ich muss was tun
und die Verstorbenen sollen in Frieden ruhn.
Morgen bin ich wieder für dich on the road
und kümmere mich um den Download
deiner Botschaft für die Leute.
Was ne komische Meute!

Eine wichtige Sache hätte ich fast vergessen:
Mich für IHN zu bedanken, den sie alle stressen.
Er ist soo ... hach, aus dem gleichen Holz geschnitzt.
Schütze ihn vor allem Übel, besonders wenn
er irgendwohin flitzt!

Wahrhaftigkeit

Eines Tages wirst du aus deinem selbstsüchtigen
Delirium erwachen,
wirst wissend lächeln und nicht tölpelhaft lachen.
Ich weiß, wie sehr du den einlullenden Schlaf liebst,
deinen Genuss, den du nie verschiebst.
Du wirst dann, wenn wir uns wiedersehen,
nicht mehr an den Hebeln drehen,
um mich gefügig zu machen und zu lenken.
Denn das klappte nur bedingt.
Am Ende wählte ich das, was mir den Frieden bringt.
Ich wählte die Distanz, um mich zu schützen
und deine Lügen nicht zu unterstützen.
Gegen deinen Hinterhalt ist kein Kraut gewachsen.
Ich bin zu jung zum Sterben,
für die Dauerparty zu erwachsen.
Ich reiche dir dann Hände, in die du gebissen hast,
und nehme von dir jede Last,
jede Schuld und jedes Leid.
Mit Gottes Gnade sind wir dann dazu bereit.

Abschied?

Neben mir
liegst du,
atmest sanft,
abgetaucht in eine andere Welt.
Dort begegnet dir ein anderes Ich,
das mit Monstern kämpft
aus der Vergangenheit.
In deiner Ritterrüstung
ziehst du dein Schwert,
schmerzfrei,
angstfrei,
und sie verschwinden nacheinander.
Plötzlich erkennst du,
wer das eine Ungetüm ist.
Ein Blick in den Spiegel
und du erwachst,
siehst zu mir und umarmst mich
fest,
als würde es die letzte Umarmung sein.

Der wahre König

Er braucht keine Maitressen
und er verfolgt Interessen,
die edel und selbstlos sind.

Er ehrt seine Königin zu allen Zeiten
und lässt sich niemals leiten
zu etwas anderem als zu ihr hin.

Der wahre König ist nicht nur eine Legende.
Er kennt weder Krankheit noch Ende.
Seine Liebe überdauert den Tod.

Und hält er mich für immer in seinen Armen,
weiß ich, Gott hat nicht nur Erbarmen,
sondern schickt mir einen Engel

wie ich einer bin.

Auf dem Schachbrett des Lebens

Da stehst du vergebens.
Du stellst deine Figuren sorgsam auf
und wirfst die Pläne über'n Hauf,
vertraust nur dem Läufer
dem Bauern, diesem Säufer,
dem Springer und den Türmen
Willst mit ihnen die Bastille stürmen.
Hast du dabei nicht jemanden vergessen?
Eine, deren Güte ist nicht zu messen,
eine, die in jedem Zug an dich denkt,
die dir ihre bedingungslose Liebe schenkt,
die dich mit ihrer Zuneigung umhüllt
und deine Seele mit Licht erfüllt,
die dir verzeiht, auch ohne Pardon,
und etwas für dich bereihthält in ihrem Kokon.
Nimm sie mit, lass sie nicht zurück.
Dann ist das Spiel ein leichtes Stück.

Ale's Gambit

Ihr Zug war vollendet.
Sie war nicht mehr geblendet.
Sie saß sprachlos da, regungslos.
Man fragte sich, wie ging das, wie bloß.
Als sei sie ein anderes Wesen,
konnte nun keiner ihre Gedanken lesen
und ihre sehnsüchtige, kindliche Scheu
wich einer ruhigen Gewissheit, sich selber treu.
Das Geheimnis lag verborgen im Grund
ihres Tränensees und im Schlund
eines Ungeheuers, das sie besiegt hat
Mit einem leisen, aber bestimmten „Schachmatt".

IM GARTEN DES LEBENS

Seelenverwandte

Jeder möchte gern die eigene Seele zeigen
einer Person, die sich abhebt von den Feigen,
die auch den Blick in den Abgrund wagt
und Verständnis dafür hat, was an einem nagt.

Doch nicht jeder eignet sich dafür.
Manche stehen lauernd an der Tür,
warten auf ihre Chance, sich zu beweisen,
können sich selbst nicht laut genug lobpreisen.

Seid gewarnt: Vorsicht ist hier oft geboten.
Nennen sich Freunde und wollen doch nur ausloten,
was sie mitnehmen können aus dieser Zeit.
Und gehen dabei sehr weit, zu weit.

Haltet euch an die Stillen, auf die ihr zählen könnt,
an den wahren Freund, der euch Gutes gönnt
und bei euch ist auch an schlechten Tagen,
der oder die hilft, ohne zu verzagen,

jene Freunde, die euch auch vertrauen,
die nicht einfach mir nichts dir nichts abhauen,
wenn es hart auf hart kommt.
Der wahre Herzensmensch,
er fragt nicht, was ihm frommt.
Es gibt ihn oder sie, ihre Liebe ist echt.
Sie fordern und piesacken euch nicht wie ein Specht.
Sie glauben an und halten zu euch, sind loyal.
Ihre Freundschaft und Zuneigung ist nicht nur verbal.

Wenn ihr solch einen Menschen kennt,
zufällig in seine Arme rennt,
haltet euch aneinander fest.
Das Glück beschert euch dann den Rest.

Das größte Abenteuer

Was ist Leben,
wenn nicht das größte Abenteuer,
das Kämpfen oder Sich-Versöhnen
mit dem eigenen Ungeheuer,
das Streben
nach dem inneren Feuer
und der Genuss
von allem, was nichts kostet,
und doch ist es einem teuer.

Leben, nicht bloß existieren,
heißt heuer:
sich optimieren.
Das ist nobel.
Doch meine ich das Steuer,
auf dem deine Hände ruhen,
sanft und unerschrocken.
Und kein Freund, sei er noch so ein treuer,
kann dich abhalten von deinem Ritt.

Willkommen, du mutiger Mensch!
Du bist jetzt neugeboren, bist neuer!
Ich hoffe, du erkennst dein Glück
und verfällst nicht in Arroganz
und diesem Gemäuer
aus Eitelkeit und Gier,
aus Betrug und Verrat.
Denn du zahlst die Steuer
auf all deine Verfehlungen.
Lebe!

Aber sei gewissen- und tugendhaft,
kein ewiger Wiederkäuer
von alten Fehlern und Sünden.
Lebe!
Und sei dein bester Freund,
dann wird aus dem „dein“ ein „euer“.

Du

Du bist mein schönstes Gedicht,
mein hellster, sonnigster Morgen,
das strahlendste Sternenlicht
in der dunkelsten Nacht.
In deinen Armen fühle ich mich erstmals geborgen.

Verheißung

Leidenschaftliche Nächte, liebevolle Morgen,
eine Welt ohne Sorgen.
Erfolg und Glückseligkeit
machen sich in deinem Leben breit,
seitdem wir uns kennen.
Und nun spitz die Antennen:
Besser, als ein Schlitzohr zu sein,
denn das ist oftmals gemein,
ist es, sich auf das Gute und sein Talent zu verlassen.
Denn nur dann wirst du dich selbst erfassen.
Lass die Korken knallen.
Danach wird die Musik verhallen.
Sprich stets die Wahrheit mit Bedacht.
Ich liebe dich, mein König, gute Nacht.

Schweigen

Hochmut kommt vor dem Fall, sagt man,
und diesen Ball fängt jeder irgendwann.
Was man damit macht?
Am besten katapultiert man ihn vor
und vermeidet so ein Eigentor.
Falscher Stolz, Arroganz und Hinterlist
sind ganz einfach großer Mist.
Man muss nicht buckeln und um Gnade winseln
und auch nicht dämlich grinsen.
Ein bisschen Demut wär ganz fein,
dann ist das Gewissen rein.

Wir stehen jetzt beide auf dem Abstellgleis,
wissen nicht mehr weiter.
Wo war sie nur, die Himmelsleiter?
Sprechen fällt so schwer.
Am liebsten sagte ich: „Komm mal her!"
Aber der Graben, den du grubst, der ist so tief.
Du hättest mir deine Beichte auch schreiben
können in einem Brief.
Ich hätte sie dir auch abgenommen.
Aber dein Schweigen macht mich ganz benommen.
Ich schreibe mir alles von der Seele
und bete, dass ich den Ausstieg nicht verfehle.

Katzenmensch

Auf samtenen Pfoten wandelst du
unerschrocken, aber weise.
Dein Revier ist die Welt
und du lebst darin, mit Bedacht,
frei und leise.
Wenn dich jemand beherrschen will,
ziehst du sie weiter, deine Kreise,
suchst dir einen anderen Ort,
startest deine eigene Reise.
Manche nennen es „unangepasst"
und fragen nach der Höhe der Preise
für so ein ausgelassenes Leben.
Du drehst dich um und sagst:
„Eine glänzende Zukunft ist es,
was ich dir verheiße,
wenn du nur auf dich und dein Herz hörst.
Alles andere ist ganz große Sch..."

Gesicht zeigen

„Masken runter!“, habe ich gesagt
und ab war leider dein schöner Bart.
Ich jedoch liebe dich auch ohne.
Aber es juckt dich scheinbar nicht die Bohne,
denn es geistern Flausen durch deinen Kopf.
Das macht aus dir einen armen, kleinen Tropf.
Die Zeit heilt alle Wunden und wird es zeigen.
Wirst du dich weiter zu mir neigen?
Oder dich etwa von mir abwenden?
Mein Herz liegt jedenfalls in deinen Händen.

Schmetterling N°1

Du wurdest auserwählt, mein Sonnenkind,
auserwählt, diese Reise anzutreten,
unter allen Schmetterlingen, die im Wind
ihre Flügel ausbreiten und im Stillen beten.
Denn ein Gebet und Gefühl, die Liebe,
sie gedeihen leise und unmerklich.
Wie ein guter Rebell, einer jener Diebe,
die schleichend und vortrefflich
ein- und ausgehen mit ihrer Beute,
so nahmst du deinen Platz ein,
mit Hoffnung und Freude.
Und keiner stellte dir je ein Bein.
Es gelang ihnen nicht.
Was du entwendest, ist nämlich Schatten,
bringst Wärme, Zuversicht, Mut und Licht.
Und eines noch, wenn die Leser es gestatten:
Ich liebe dich unsterblich, unendlich,
weil wir auserkoren sind.

Eine Prüfung

Ja, fließend
wie das Flusswasser,
sich schlängelnd
vom Ursprung, der Quelle,
zur Mündung
meine Liebe zu dir.
Wenn auch verdrießend
die Forderungen, noch krasser,
oft ätzend,
zaubern wir auf die Schnelle
eine neue Zündung
deiner Leidenschaft zu mir.

Abschließend
Rebellion gegen Aufpasser,
tänzelnd
rücken wir uns auf die Pelle,
eindeutige Prüfung
unserer Ehe auf Papier.

Werden wir es schaffen?
Oder wird der Schutzschild auseinanderklaffen?

Ein Schlafzimmergedicht

Nein. Ich teile nicht gern mein Zimmer.
Ich schlafe seit jeher lieber allein.
Doch nun, Liebster, wird das Ganze schlimmer,
denn ich möchte nicht ohne dich dort sein.
Lass unser Versprechen „für immer“
keine durchschnittliche Gewohnheit sein.
Fühlst auch du das Flimmern?
Ist das dein Bein oder mein?
Im Bett zu zweit drehst du an dem Dimmer,
fusionieren wir so fein.
Getrennt von dir, bitte nimmer!
Denn in deinem Herzen schlägt auch mein’.

Gut und Böse

Schlecht ist für manche Menschen alles,
was nicht in ihr enges Weltbild passt.
Und plötzlich wird eines Tages
der Nachbar oder beste Freund gehasst.
Da braucht es nur ein wenig Hetze, um jemanden zu entthro-
nen
ein paar Lügen und Hirngespinste
und schon zückt man auf Spatzen die Kanonen.
Gottesfürchtige werden Opfer der Geheimdienste
und Unschuldige werden gejagt.
Verrückt ist diese Welt der Hassenden.
Der Frieden wird vertagt.
Ich kenne jedoch einen, den Passenden,
der das Böse stoppen und alles ändern kann.
Und er kommt nicht allein.
Mit seiner Gefolgschaft zieht der Mann
von edelstem Wesen und von Herzen rein
von einem Land zum nächsten.
Wo genau, ist noch geheim.
Nach Osten geht's von Westen.
„Vielleicht, noch bin ich daheim!"

Der Glaube versetzt bekanntlich Berge
und die Hoffnung dreht sie, die Erde.
Drum öffnet eure Herzen und die Herberge,
dass ein jeder sich freut und glücklich werde!

Angel's sleep

Sometimes also angels need rest
I gave all, I gave my best
But because of happiness' quest
And due to this thing in our chest
After feeling blessed
I thought, that all is messed
Feel free to be my guest
I will do a kind of nap in my nest
Prepare for a special fest
You don't have to be well dressed
Just put on your proper vest
And smile
Because times after the storm are the best

People

Many think they have it right
Never doubt of their behaviour
What's going out of sight
Is how to become their own saviour
Focus on yourself
When you point your finger
Cause there's dust on your shelf
And there it will eternally linger
While you set the clock at night
To stand up in the morning
And with the first ray of light
You speak your first warning
"I saw it coming! What did I say?"
"To be honest, I don't remember
I was silent, tried to pray
It might have been in December ..."
And there it is: the stunning face
They think I'm crazy for what I said
They think life is just a race
Who's going to win? Who's being laid?
I stay away from this weird competition
Have a lot of work, mostly on inner side
And lifting my hat to salute in good tradition
I take my old bike for a ride
Breathing fresh air instead of superstition ...

Children

To see the world through children's eyes
To believe in good and in the power of lullabies
To praise the life through sun and rain
To jump again, forget the pain
No duties, no stress
No regret, no regress
Fragile and though strong
Always to know where to belong
To the earth, the stars and the moon
Let's laugh and dance, and do it soon!

As if …

As if their hate could stop us
As if their threats could keep us quiet
As if their ignorance could affect our rationality
As if they could destroy what love creates
As if our life could be in their hands
As if the results of their violence could harm our future
As if they rule the world
As if they could control our minds
As if someone could hold me back
And prevent me to make you fly

God's Honest Truth

Admit the shit that you did
Correct the defect you elect
I made you perfect
Don't bond without fond
Be brave & rave from the crave
With me you're safe
With me you can get through all the storms
With your head up high
Not like worms
But humble
Don't crumble
Even if you stumble
Continue your way
And tell what you need to say
– God –

Desilusions

Maybe you're right and love is just an illusion
Like you told me once
But isn't life itself the greatest confusion?
And isn't love not the only glue for the ones
Who search a way, a solution

Who struggle and fight
For peace and freedom
Who can't sleep at night
Because it's weird to dream on
When nothing seems right
Look at us:
We came from different lands
And thus
We understand by the touch of our hands
By the beat of our heart
Being separated by distance
but we'll never fall apart

We know deep inside
That a love like this isn't easy to find
Nor such a cheerful bride
We are humble and kind
We trust each other blind
Our love will flourish and bloom
With you always, my smiling groom
And if you would leave me right now
Or later this year
I would take a bow
For the time we were near
And silently gracefully disappear ...

Heart Killer

Let me tell you something about life:
Betrayal hurts more than a sharpened knife
Lies, misuse, and cheating kill the bound
Built on love, trust and the celestial ground
Laughing about the one who trusts and feels
Thinking „how stupid the believer deals“
Make of this world, where these creatures live
The hell on earth, the place of taking and not give
The only thing which deeply comforts me
Is what in you I can and cannot see
What my heart knows in a prophetic way
That’s all I want to say

Human Potential

Worse than using just 10 % of your mind
Is using only 10 % of your heart
It's the main problem of all mankind
This is why the world is falling apart

And the reason for every disconnection
Is a lack of comprehension and affection
It's the growing selfishness in our world
That turns every warmth into cold

It's the inability to look beyond
To see the impact and the consequences
Of every action, every encounter, every bond
We built with others' trust and confidences

So many vows and promises are spoken
But the only one which really counts, shouldn't be broken:
„I promise to don't make any harm
To be aware and to keep my heart warm."

Freedom

You can lie to people
Withhold the truth from them
You can hide from them, run away
Search a corner where to stay
Drop everything and feel good
Change from outside your mood
Enjoy your newly found „freedom“
But you're not free – you need'em
What is now holding you hostage is a construct of lies
Deceit, mockery, falsehood and wrong sung lullabies
One is not free, as one has dedicated oneself to a life
In which deception is everything, hurting more than a knife
Appearances, brief enjoyment, quick money
The compliments flow like the cheapest honey
Diluted feelings, emptiness, nothing that grows
You stand there, without shine, nothing that glows
And while the soul yearns for truth, for warmth of heart
Your existence seems tearing apart
The conscience withers away
Under the repeated insults you say
To those you claim to love
I wish to see you again as a dove

The Lamb

To survive among wolves
You became one
They say it's good, it's done
But there's always a way back
Stop, don't let them ride on your neck
Look above to the sky the doves
They fly
Never say goodbye
Cause their spirit remain
Learned to avoid the chain
Of pain and suffer
Not by being tougher
But letting go the pride
And their wild heart so wide

Furnished Suites
INTI

Unborn child

There is a story I want to tell
About heaven, not about hell
A boy wanted to come to earth
He longed for this day, his own birth
But something went sadly wrong
Bad happened and it took so long
The boy collected all his bravery
He had from his father, who was fiercely
He was faithful, smart, joyful and wise
And from his mum, what a surprise
She was pure love, loyal, no malice inside
So the boy took his funny pony to ride
And with him a stick of olive wood
Confronted the evil with good
Believed in himself, in you and me
Embraced life, and it came, how it should be ...

Patience

Is the royal discipline
It's not just to wait
Is the most important protein
Knowing you get paid
Is to gain height
Don't consuming yourself
In a senseless fight
It's never just before twelve
But rather an eternity
Being faithful and polite
Don't loosing your serenity
It's to know the other side

Jannah

I hope there is a paradise
Because otherwise
This life was senseless
And some people, mindless
Guided by greed and hatred
To whom nothing is sacred
Could get away with it

I hope there is really a paradise
For those who were like sunrise
Who had an extraordinary spirit
A wonderful soul, they could inherit
A great heart, often too tender
If Jannah is a reason to surrender
Because of love
I will

Newborn

In these days we read and hear
About renewals, like a new year
We embrace who's near
And who's not, we fear
The struggle and loss
They're in, and which cross
Our lives and became our cause
Whether our friend or boss
We are concerned and pray
For a bright new day
For a long stay
And instead of silence we say
What's in our minds
He, who searches, finds
The faithful, not the blind
The righteous and kind
Those who believe
Even if they deny

Short hair lady

Short hair lady with a broken arm
Your liberty can't do no harm
Your hunger for freedom and joy
Doesn't make of you a toy
You'd rather be dead than a slave
You would prefer your scalp to shave
Than to be a puppet or doll
Yours is rebellion, not a poll
If you permit me a short advice
Come on, toll the stupid dice
It's ok for the queen to rest
She did already all her best
Now let the others engage in play
Cross yourself in the name of the Lord and pray

No Goodbye

They say: Good things must come to an end
But ours isn't good, it's wonderful, magical, it's mend
At times celestial and at times we can't stand
that wait, cause it's sad
And then again: joyful and splendid, peaceful,
until it gets dark and bad
It's the end of our lives as we knew it
It's another bite of the unkown, another hit
And the beginning of something new
The colourful rainbow and a grey, boring stew
Why? Why can't it be just a sunny, bright shining day?
Because we wouldn't know how blessed
we are together to stay
Thank the rain for the warm, cloudless sky
And never ever say goodbye

Pub Poetry

I showed you bears, deers, my fears, my tears, my pears,
And the new song of Britney Spears
I showed you what it's like when anger disappears
When endless love appears, to listen carfully with my ears
What it's like when someone cheers
Hears your inside melody and flies with you to other spheres
I showed you all this, and I will show you even
more in the next years
If you truly believe that a lover always nears
And if I'm your favourite buddy for the last
two tasty and cold beers

Smile

And if they should ask me one day
Why I decided with you to stay
I will show them this smile, your smile
No need to open the file
No need to explain further things
It's the evidence that time brings
And the strong tender feeling inside
What a ride, baby, what a ride

Dust in the wind

No need to worry about their words
As they are just dust in the wind
Grab your guitar and play some chords
Trust him blind
Let the inner peace be your guide
The horizon gets wide
When you open your heart
And the air is flooded by unconditional love
You play the last card
In this irregular game of the dove
You are the peace maker
Trained to succeed
Against the hate shaker
You're in the book I like to read
The pen is ready to fly
Over the white sheets
There is no Goodbye
Without coming back to my deeds

Balance

Freedom and trust
Love and lust
Friend and lover
Show and cover
Gain and fail
Speak and mail
Wait and act
Lie and fact
How much are we ready to risk
For this one love, so vivid and brisk?
Can we still have a free and normal life
If we can’t get sleep, because we strive
For a wonderful connection
Full of unknown imperfections?
What is life all about
If it isn’t to let it out
Let your feelings flow
And don’t worry about the woe

Love Song

He's my powerful revelation
And my sweetest sin
It doesn't need further explanation
When I talk about him
You can see it in my eyes
They shine so bright
And my heart cries
When he's out of sight
He's pure elevation
My master and king
I can have satisfaction
Just by thinking of him
He's strong like a rock
The cliff at the sea
I don't care who will mock
My devotion, exposing me
I can feel his caress
And that's all that counts
Life won't ever be a mess
Since our love song sounds

An Advice

„Ale“, he asked me tenderly
„How can I make my dreams come true?“
I replied, as modestly as I could be
„You won’t by asking for it, out of the blue
You need to put efforts on it
Because any great idea
And any great hit
Didn’t emerge, my dear
Without inspiration and work
You have to roll up your sleeves
Pick up the peas with the fork
And even if no one believes
Stay persistent and brave
Carpe diem – seize the day
You aren’t born to be a slave
Of your own pessimistic way!“

He

I don't even mention his well-known name
But you know very well who once came
Veni, vidi & he didn't stole my heart
But asked very politely and from the start
The way he is, so feisty, humble and sweet
If he could have my love
Because that's all he would need
Not only that I was happy
But like waiting fort his day
I asked him: „Where have you been?
Why this delay?"
He answered: „I was busy and didn't know
That you were waiting in the snow
Don't worry, I'm here for you tonight
We won't never lose ourselves out of sight!"
We are like doctors, our medicine is love
And if we look to the sky, we can see God above
Smiling and giggling, like a little child
Because his son made of this world so wild
A place to be, for which we gonna long to surrender
He and me, we heal each other in the most tender
Beautiful, sensual, caring and delightful way
He made me his first priority, a reason to stay
Sometimes I can feel his hand on my face
And my heart goes like a car on a race
He isn't only a piece of heaven to me
He ist he whole Jannah, the place I wish to be

Anfeh

I was sitting at the shore
Where we went once before
At the wonderful sea
This time it was just me
And I stared at the stones
Which hurt us to the bones
I began to pick them from the ground
Didn't care for the new wound
Then suddenly an old man passed by
He said: „I can see what you're doing,
but I don't know why“
I told him that it was a good deed
He looked to my bloody feet
And then he started to cry
His compassion made me shy
„You shouldn't suffer that way
I thought you came here to pray
I'll lift you up where you belong
Where no one can do you no wrong“
„Oh, Sir, please don't worry for me“
I replied and vanished in the sea

IL FIORE DELLA MEMORIA

Speranze

Il più bello
Non ve lo dico chi è
È bello man non solo da carino
Come un modello nell' magazzino
È bello di cuore, che batte solo per me
Va be, anche un po' per lui stesso
È per lui quel vestito che ho messo
Mentre qua c'è brutto tempo e piove
Per lui sorge sempre il sole
Perché gli ho mandato tutto ciò che amo
Un pensiero d'amore un po' strano
Avvolte mi chiedo: „Come mai?
Ale, cara me, ma cosa fai?
Con la tua testa dove stai?
Non metterti di nuovo nei guai!"
Ma sapete bene come sono
Addio ragione, à Dio bono!
Saprai tu come andrà
E speriamo che non finirà
E speriamo che la tua benedizione ci unirà

Nonna

Potranno cancellare i miei versi
Potranno essere per sempre persi
Quei detti su di te
Ma la mia memoria non tace
E non saranno mai capace
Di eliminare i tuoi ricordi e quello che c'è
Dentro di me
Visto che non sono soltanto imagini
Ma piuttosto momenti magici
E quei tempi allegri
Quei mattini svegli
Nella cucina accanto a te, con l'aroma dell caffè
Ti vedo ancora sulla sedia di paglia e legno
Le tue mani che portano del tempo il segno
E sapendo che da là sopra mi vedi
Sapendo che ci credi
Nella forza in me
Farò di tutto per farti sentire contenta
Anche se per gli altri sarò stata la più lenta
Il tuo cuore lo sapeva
Il tuo sorriso mi diceva:
Chi va piano, va lontano
Finché
Ritorno in cielo vicino a te
Perché tu un angelo sei per me

L'Amore

L'amore –
Ti eleva
Unisce
Ti calma e ti sveglia
Nutrisce
L'amore è un oceano di sentimenti
Ed anche se ti debolisce
Mai rinuncerei

AMOR Y PENA

Un abrazo

Cuerpo a cuerpo, sintiendo el latido de tu corazón
Oyendo su melodia, tan clara y honesta, sin perder la razón
Disfrutando los momentos en tus brazos, única sensación
Cada amanecer juntos es nuestro vínculo secreto,
el nido de nuestra emoción
Y me susurras, leyendo mis pensamientos,
palabras sabias, que son mi salvación

Paciencia

„Para todo hay tiempo“, él me dijó
„Para el amor, la limpieza y para un hijo“
Tal vez sí, le respondo mientras me fijo
En el agujero de su bolsillo
¿Y para quien es ese anillo?
Lo noté en su campera por el brillo
Sin palabras me contempla con ternura
„Este instante, Ale, vale más por cuánto dura
No hagas el mismo error, anímate a ser la criatura
Que eras antes, cuando pasabas horas
Buscando piedras, castañas y moras
Encuentra siempre lo que adoras!“
¡Zazzz y se fué!
Ahí parada me quedé
Y vos también entendé
Que lo nuestro es permanente
Y nada se mejora realmente
Apurándose
Paciencia

Bendita Pobre Navidad

A los pobres reales
Los simples y mortales
A los que no tienen Face para comentar
Para buscar atención, hacer gancho y opinar
Los que no lloran su miseria por falta de equipaje
Con uñas falsas y maquillaje
Y no esconden su verdad
Los que saben lo que es la lealtad
Este poema, también si es ingenuo
Se lo dedico al trabajador serio
Al que labura duro día por día todo el año
El que se levanta para construir y no para hacer daño
Y al que es humilde y sabe que es privilegiado
Por tener techo, educación, y no tener que pedir al estado
Hermano y hermana, esta es vuestra Navidad
Les deseo que sus sueños se vuelvan realidad
¡Bendiciones y felicidad!

El Leon

Una leona
No necesita un cabrón
Que se esconde detrás de excusas
Que diga mentiras y ni pide perdón
No necesita un ladrón
Que tenga miedo de perderse
Y no sepa escuchar a su corazón

Una leona antes todo no necesita a nadie
El leon que se le acerca y que ella acepta
Algo especial irradie
No dejará espacio para dudas ni palabras feas,
juegos de celos, mentiras, traiciones,
doble estándar y peleas
No dejará tiempo para tristeza
Mirando al cielo encontrará su estrella
Verá brillar a su reina y con certeza
Dirá sí a la vida, a la unión, a ella

Dinero

Hay quien tiene y no da
Hay quien acumula
Hay a quien siempre le falta
Y quien está definitivamente harta
Quien vende su alma y mata por dólares
Hay personas de todos los colores
Y así hay también de billetes
Deseo que en un cierto lugar te lo metes
Tu, que inventaste ese medio de pagar
Por todo lo que uno tiene que soportar
Te pienso casi todos los días
No seas bobo y no te rías
Porque no es en bueno
En el cielo suena un trueno
Es tiempo para terminar
Con eso de admirar
La plata como si fuera Dios
E iniciar mejor los cambios

Ser madre

Es lo más lindo y honorable
Lo más tierno y adorable
Tienes que ser responsable
Y tomar en cuenta que es interminable
Tienes que ser confiable
Y sentir que es agradable
Ser madre – amor incondicional
Ser madre es algo sacral

Desilusion humana

Me sorprendió el ser humano
Ya del principio, al ser enana
Cuando te da saludando la mano
Con la misma que mató la rana
Cuando te sonríe y dice: ¡buen día!
Mientras nadie sabe de su rencor
Puede ser abuelo, cuñado, tía
Por ser familia no es mejor
Nacen tan suave, inocente y puros
No saben hacer del mal
Al pasar los años se vuelven duros
Su línea de conducta es fatal
Dicen que es la vida que los transforma
Yo digo que es la sociedad
Mientras la vida no sabe de norma
Son los moralistas que no tienen piedad
Para salvar a esta especie
Hay que definitivamente cambiar
Volver al inicio, a lo que nos enriquece
Y con las guerras hay que parar
Ayudarse uno con el otro es bueno
Pero si no terminan de masacrar
Van a sentir el trueno
Y la extinción va a comenzar
Y al carajo todo se va a parar

Amor propio

Sentirse segura y protegida
entendida y aceptada
querida y deseada
por y con la persona que amas
es una sensación espectacular.
Para lograr eso tienes que
entenderte, amarte,
quererte, desearte,
aceptarte y protegerte
a ti misma antes todo.

Protegido

Te encontré
En un árbol de cereza
De Primavera en el bosque
Milagro de la naturaleza

Sin despertarte logré
Abrazarte con certeza
Que eras real
Bendiciones y riqueza

Y no me olvidé
Lo que el señor dijó con firmeza
Cuídalo y protégelo
No dejes que viva en la maleza

Y aquí estoy, te esperé
En rodillas y con humilde franqueza
Iluminada profundamente
Más que un rinconcito de mi alma
Todo mi ser llenaste de luz
Y de más sencilla nobleza

Motivación

A mi no me vengan con que no se puede
Y no pongan esa carita de sufrimiento – ya se que duele
Hay solo una vida y muchas opciones
Elegí una y avanzá, no traiciones
No seas infiel a tus sueños
No te busques nuevos dueños
Porque solo el alma libre puede amar
Solo con la consciencia limpia se puede sanar
Y solo el corazón honesto sabe curar
Abren sus alas y despeguen, aprendan a viajar
Que si con la mente vuelan, no es necesario bajar

Alma libre

Alma transcendental
Sabe siempre crear
Espíritu libre
Desea y aguanta
El mundo a sus pies
Creencia humilde
De estar en este mundo
Por un simple propósito
De salvar su existencia
Sin magnificar
Solo sembrar
Florecer
Cosechar
Te encontrarás
En las orillas de agua dulce
Pisando las tierras fértiles
Sobre las montañas
Donde soplan los vientos
Sabios
Formando parte
De un sentido superior

Popularidad

Hubo tiempos en los cuales
Me interesaba la opinión de los mortales
Y sobre todo sus morales
Sin saber de los finales
Al pasar los años reconocí
Que al seguir a ellos me perdí
Y que sus aplausos no pedí
Porque más que eso yo merecí

Mi libertad y autonomía
Amor propio y filosofía
Que no entiendan lo que me enloquecía
Fué el cambio necesario para mi propia guía

Hoy por hoy estoy segura
Que para vivir una vida pura
Hay que liberarse de esa estructura
Evitar la parte dura

Y dar un pepito a la popularidad
Buscar siempre por si mismo la verdad

Tu

Tienes razón
Mi corazón
No juguemos con el destino
Porque es un hilo fino
Dejar de suponer
De temer
Al temor hay que oponer
No importa la gente
Mientras tu me abrazas de repente
Yo quiero vivir amándote
Y siempre tratándote
Como mi rei y caballero
Mi querido compañero
Dejar entrar el sol de cada agujero
Reírnos a carcajadas
Besarnos en todas paradas
Y estar flotando sobre el suelo
Solo con ti yo vuelo

Alma gemela

Encuentra a tu alma gemela, tu otra mitad
La que te apoya en todo lo que te hace feliz
La que no envidia y no deja el amor ser piedad
Quien ama tu fuego interno y sobre todo tu nariz
Encuentra a quien no te hace sentir sola
Quien te alumina cuando más necesitas
Quien balancea sobre la misma ola
Y no te engañe cuando no estás
Porque sufrir no es necesario
Si tienes a tu lado dicha alma pura
Que no se canse de amarte diario
Con quien la vida es una fiesta y no dura
„El cielo sabe", me han escuchado decir
Y han visto cambiarme por alguien
Quien no sabía valorar y ni percibir

Romaticismo

Las caricias inesperadas
Tu mirada increíble y tierna
El latido de tu corazón
Cuando te acercas
Tus manos enamoradas
De mi brazo y mi pierna
Me amas con razón
La más blanda de las tuercas
Tu franqueza y adivinadas
De mi luz interna
Brillo, encanto y admiración
Es lo que encuentras

El amanecer después de las bajadas
Agradecidos por lo que alterna
Soy el sonido de una canción
Tu sus inolvidable letras de amor

Heroe

Tu batalla es a favor de la vida
Y tu territorio siempre donde estás
Tu arma más potente y preferida
Es papel y lápiz que por ahí encontras
Además con tu pincel y colores
Mejoras no solo tu personalidad
Combatís cualquier tipo de dolores
Y no sabes de vanidad
Mientras tus figuras toman forma
Y con tus manos las creas
Inventas otra norma
„fantasía esperanzada“ la llamas
En este planeta caótico
Sos ancor e imán
Tu aura tiene algo profético
Por lo cual te estiman
Yo siento algo más profundo
Que no puedo explicar
Más que todo en el mundo
A tu lado quiero estar

La libertad

La libertad de la expresión
La libertad de desarrollarse
La libertad de re-inventarse
De crear otro mundo, de vivir otra vida
De ilusionarse, de desilusionarse
La libertad de manifestar una nueva regla:
No hay reglas
La libertad de enseñar, de aprender
La libertad de dejar ir
La libertad de creer, de tener fe, de tener esperanza
La libertad de encontrar la media naranja
De sentir, de sentirse importante, de amar
De ver al otro caminar
La libertad de formar una familia
O no. Por ahí vivir una vida tranquila.
La libertad de volver al comienzo
Para ablandar lo que ahora ya es mas tenso
„¡Hola! Yo no soy libre. Para nadie.
Porque amo demasiado la libertad!"
„¡Mucho gusto! Te lo creo. Y estoy contigo.
Te ayudaré a tener la máxima libertad.
En cambio te pido solo una cosa: no me enamores
No juegues con mis sentimientos,
no me rompas el corazón ..."
Y juntos, después de algunas peleas, de lágrimas,
combatiendo el propio ego

Encontramos la más profunda manera de amar a ciego
Dejando atrás lo que nos enseño la vida (y nuestros padres)
Sintiendo el más tierno amor, sin angustia, o dificultades
La más pura verdad
La mayor libertad

En mi

En mi hay un mar des ideas, una montaña de coraje
Un fuego de pasión, una alma fuerte, equilibrada, salvaje
Compasión, sabiduría, perseverancia ...
En mi hay un cielo infinito de amor desde mi infancia
Pero, ¿de qué sirve, si lo que se me pide es profano?
Lo que se pide es el contenido, no mi mano
Me querian sacar la dignidad, me quisieran quitar la gloria
Y me querian quebrar, quemar la memoria
La memoria colectiva para que me olvidaran
Y luego sentirse ellos fuerte, igual como actuaran
Yo pero salí tras el dolor infernal como fénix de las llamas
Me volví imuna a todos esos insolentes dramas
Me encontré en un bosque, sin nada, desnuda y ayuna
Inocente – y ahí te ví sentado, casi como un niño en la cuna
Respirábamos el aire entre las hojas, sin hacer ruido
Respetando el silencio del bosque, ese sonido
Del espacio sagrado entre las ramas
Olvidando los seres en sus camas
Inhalábamos la frescura y ningún animal
Se atrevió a molestarnos, como si fuera normal
Y ningún ser de alma buena trató separarnos
Y ni los que dudan, porque ya saben que al final
Con un grito mortal
Desaparecen los traviesos de mala onda
Cada cual se encuentra donde corresponda
Sus almas perdidas, ya que les esperaba

El furor del mas poderoso, el culpable pensaba
Pero volvió a calmarse, recuperando la paz
No vale la pena mirar hacia atras
¿Y tu?
Tu alcanzaste suavemente para encontrar mi mano
Tierno los dos amantes, que no piden más que estar siempre
cercano

Mis ojos

Más allá del ideal de belleza
Imperfectos
Espejo de mi ser
Reflexión y universo
Cada mirada
Desvela algo
Vista escondida
De un alma
Viajera
Extraña
Alegre
Protectora
Y libre

A mis hermanos

Siempre me faltaron
Sin saber por qué
De mi mente no borraron
El recuerdo que me llevé
Aún no vieron la luz del día
En mi alma vivían
Y sin pruebas sabía
Que conmigo estarían
Una eternidad

Sin palabras

Quería decirte tanto
Pero en cambio yo te canto
Una canción que adoras
Y aún no sepa las letras
Voy a decirlas suaves y tiernas
Y como nuestras piernas
Así pertenecen juntos nuestros corazones
Quien gana una pelea, pierde las razones
Que ojalá no pase nunca más
Y si yo me equivoco ojalá me perdonas

Pajaros

Almas gemelas
Almas rebeldes
Almas solitarias
Los que aman sin condiciones
Los que oyen a su propia voz
Y que saltan en el océano de vida sin temor
No dejen de ser lo que son
No traten de igualar con los demás
Será más fácil para ellos vivir bajo presión
Con:
Control ajeno
Marcos
Prohibiciones
Fascismo diario
Nosotros pero somos amantes
De la libertad
De la pasión
Del amor
Del fuera del común
Del ser humano
Residente de la tierra
Somos amantes de la paz
De la naturaleza
De los animales
Respetamos la creación
Y la protegemos con toda convicción
Porque para eso estamos en el mundo
Y para aprender, vivir, amar
!Lánzate y mueve montañas!

El Nido

¡Ay amor! Que no te confundas!
El nido que buscas no está por atrás
No es ese agujero lleno de viboras
Que lamen y acarician tu vanidad
No es eso que buscas en realidad
Ahí no encuentras franqueza y lealtad
El nido de amor es arriba y por delante
No es fácil alcanzar, y no hay que ser un gigante
Tienes que ser un caminante
Lleno de virtud y alegría
Con o sin fiestas de sangría
Y saber amarme sin miedo a la manía

Un amigo

Perder un amigo
No es solo un „click“
En el universo virtual
No es solo algo
Que era habitual

Es una vida
Desaparecida
Un „buen día
Como estás?“
Que no existe más

Podes perder cosas
Será el dinero, el trabajo
Un regalo, que alguien te trajo
En tiempo mejores
En tiempo de rosas

Pero nada es comparable
A su cariño y las bendiciones
No importan las razones
Perder un amigo es siempre brutal
Es algo muy emocional ... es insoportable

Por eso crean, no destruyen
Hablen sin mentir
Con lo bueno influyen
Y dejen al despertar sonreír
Además hay otra cosa que les quiero pedir:

Perdonen a quien hizo mal
No por eso dejen de amar
Porque es cuando más se necesita
Y nada es más fatal
Que ver una amistad bonita parar

Un poema sobre la amistad

Un verdadero amigo es alguien
A quien se le puede confiar todo
Lo que no te gusta lo sabe bien
Y no te muestra nunca el codo

Un amigo no te usa y luego te tira
Como un pañuelo de papel usado
No te trata de „Ud.", y siempre te mira
No se cansa de ti, aún si está acostumbrado

Un amigo puede haber sido un amor pasado
No hay reglas de transformación
Mientras el respeto no se deja de lado
Sirven espontaneidad y emoción
Para llevar adelante una linda relación
En la cual se entienden mutuamente
Para eso Dios nos hizo, su creación
Para ayudarnos, y no estar frente a frente

Algunos los queremos menos y otros más
Eso es bastante normal y secundario
Lo importante es que no se vayan atrás
Y se haga del otro un cualquiera que no ves a diario

Si pudieras

Si tu pudieras ver las flores marchitarse en mi corazón
¿No te entristecería?
Las sembraste tu, mi amor, y luego te fuiste
Lo que no molestaría

Pero las pisaste con descuidado y malicia al andar
¿Como te podría yo perdonar?
Si tu pudieras escuchar el latido de mi corazón
(Devuelto en trozos) ya no es el tambor
Es más como un pequeño golpe
Que apenas se oye y que teme el dolor

No muere, pero aprende
No deja de amar, pero entiende
Como protegerse
Si pudieras sentir la nostalgia
Que siento cuando pienso en ti
¿Saldrías y moverías ríos y montañas
Para llegar a mí?
Como haría yo para ti, si sufrieras
Pero ni eso creo que pudieras ...

Disculpas por amar

Perdón, pero usted me enamoró
Si, ya sé que no lo intentó
Que así pasó
Como abrió mi corazón
Ahí le llegó
Una carcajada de colores y aromas
De gustos y cuentos fuera de normas
¿Pero ahora que hago con mi sueño
Y mi vida sin dueño?
Con la caja de Pandora
Con la niña mora
Y su hermanito que nunca llora
Me voy en un convento
Como monja del „Ottocento"
No, no me cae bien este cuento
¿Sabe qué? Yo quiero hacerlo bien contento
Sin maquillaje y disfraz
Me gustaría viajar con Usted atrás
En tiempos más lindos, dónde no te paras
Solo para ver las casitas vestidas de navidad
Sino para vivir esa vida de tranquilidad
Tomando chocolate, comiendo churros
Y cebando mate
Se nos da la oportunidad
De decirnos lo que sentimos
Milagro de amor que no pedimos
En esta historia de tantos ritmos
Prefiero bailar que llorar
Y es mejor perdonar que anotar
Todo lo que sucedió y lo que nos confunde

De repente, sobre un barco que no hunde
Me abrazas y esperando que nos junte
Ese gesto de amor
Me contemplas con ardor
Y me pedís porfavor
Que no te abandone
De noche se pone
Y con pasión me mas
No, no te dejaré jamás

Otra

Perdoname amor
Pero no soy esa
Que se aguanta el dolor
Que solo espera y reza
Que no quiere saber nada
De lo que ocurre y pasa
No soy la que se enfada
Porque estás en casa
Sin cumplir con tus deberes
Sin realizar el sueño
(Que ella tiene)
No soy la que reduce quién eres
Tratandote como dueño
El dueño de una vida ajena
Yo te quiero como cómplice y amante
Como amigo que me llena
De amor el corazón gigante
Y no la billetera con monedas
Perdón pero soy diferente
No quiero estar bajo las ruedas
Prefiero guiar la gente
Manejar el coche y nadar
Desnuda de luna llena
Contigo mi amor, en cualquier lugar
Quererte con placer, y no con pena
Esa soy yo y tanto más
Un poco como otras, pero no igual
Sé que me amas, ¿pero te animas?
Encontremos a esta historia un lindo final

Todo yo

Si no fuera por mis
Preocupaciones
Emociones
Buenos días
Buenas noches

Si no fuera por mis
¡Hola! ¿Cómo estás?
¿Necesitas ayuda?
Dámelo, lo hare por ti

Si no fuera por mis
Lo siento
Perdon
Angustia
Lujuria

Si no fuera por todo eso y mucho más
Mi vida, ¿qué sería de nosotros?
Y cuanto más doy, menos das
Cuanto más me preocupo por ti
Más pierdes interés en mí
¿Cuanto más te amo, más me odias?
¿Cuanto más vengo, más te vas?
Lo siento amor
Entonces me convierto en aire
Para que me respires en silencio
Sin darte cuenta
Y vivas. Gracias a mi. Siempre

Corazón Valiente

¡Buen día, mi vida!
No hay que esconderlo
Hay que protegerlo
Dicen que es imposible
Lo falso es accesible
El verdadero necesita coraje
No se trata de sacar un pasaje
Es la firmeza en contra viento
Es el „te amo“ del cual nunca me arrepiento
Dicen que no tiene sentido
Sin embargo a Dios le pido
Que ellos no tengan razón
Y sigo confiando en mi corazón

¿Qué somos?

Somos la mano izquierda y derecha
De una leyenda
Somos un amor sin fecha

UNIQUEMENT

L’amour

Pourquoi quand je pense à toi
C’est tous si beau
C’est «salut» et «à bientôt»
C’est tout las France
C’est tous la danse
C’est toi la joie
C’est tous pour toi

Parachute

Bonjour mon amour
Prépare-toi
La nouvelle histoire a déjà commencé
Et la neige n'est pas encore arrivée
On peut faire ce vol en parachute
Avec passion et sans la lâche sur les buttes
Ramène toi, dépêche avec la photo
Prends ta moto
Et inflige toi à cette aventure
Pour nous la vie n'est pas dure
Le nôtre ce n'est pas une truc
De certains personnes de duc
La notre vie est vrai
Sans filtres, pas du faux raie
J'ai les billets pour cette voyage
Le renforcement et la courage
Toi, tu as moi et la confiance
Nous sommes la plus forte alliance

novum VERLAG FÜR NEUAUTOREN

Bewerten Sie dieses Buch auf unserer Homepage!

www.novumverlag.com

Die Autorin

Alejandra Maria Falcone ist mit einem mehrsprachigen Hintergrund gesegnet, der sie in ihrem Interesse für Kultur und Kulturen unterstützt. Schon als Kind begann sie, Verse zu schreiben, und hat sich ihr Interesse für das Schreiben über Schulzeit und Studium hinaus erhalten. Als engagierte Cineastin verfasst sie regelmäßig wortgewandte Filmrezensionen, die online erscheinen. Sie charakterisiert sich selbst als „Autorin aus Leidenschaft und Spiritualität, Mutter und Frau mit ausgeprägtem Beschützerinstinkt, Cineastin mit Herz und Verstand, Dozentin mit Kompetenz, Charme und sozialer Ader, Radiomoderatorin mit losem Mundwerk und Humor, abenteuerlustige Reisende mit nur einem Plan: so viel wie möglich in diesem Leben zu erleben – denn wer weiß, ob man je wieder die Chance bekommt …"

novum VERLAG FÜR NEUAUTOREN

Der Verlag

Wer aufhört besser zu werden, hat aufgehört gut zu sein!

Basierend auf diesem Motto ist es dem novum Verlag ein Anliegen, neue Manuskripte aufzuspüren, zu veröffentlichen und deren Autoren langfristig zu fördern. Mittlerweile gilt der 1997 gegründete und mehrfach prämierte Verlag als Spezialist für Neuautoren in Deutschland, Österreich und der Schweiz.

Für jedes neue Manuskript wird innerhalb weniger Wochen eine kostenfreie, unverbindliche Lektorats-Prüfung erstellt.

Weitere Informationen zum Verlag und seinen Büchern finden Sie im Internet unter:

www.novumverlag.com